IBRASA
LIVROS QUE CONSTROEM

Coleção "Gnose" – 65 volumes publicados:

1. As Grandes Religiões...Félicien Challaye
2. As Sociedades Secretas...Herman & Georg Schreiber
3. Fenômenos Ocultos...Zsolt Aradi
4. O Poder da Meditação Transcendental...Anthony Norvell
5. O Poder das Forças Ocultas...Anthony Norvell
6. A Bíblia Estava Certa...H. J. Schonfeld
7. O Ensino dos Mahatmas (Teosofia)...Alberto Lyra
8. Mistérios Cósmicos do Universo...Adrian Clark
9. A Evolução Divina da Esfinge ao Cristo...Édouard Schuré
10. Raízes do Oculto – A Verdadeira História de Madame H. R. Blavatsky...Henry S. Olcoot
11. O Budismo do Buda...Alexandra David-Neel
12. Diálogos de Confúcio...
13. A Sugestão Mental...J. Ochorowicz
14. A Magia e o Diabo no Século XX...Alberto Lyra
15. Catecismo Budista...Henry S. Olcott
16. Além da Razão – O Fenômeno da Sugestão...Jean Lerède
17. Os Grandes Iniciados...Édouard Schuré
18. A Arca da Aliança...Michel Coquel
19. Os Caminhos do Graal...Patrik Rivière
20. Os Mistérios da Rosa-Cruz...Christopher McIntosh
21. Zoroastro – Religião e Filosofia...Paul du Breuil
22. Qabalah – A Doutrina Secreta dos Judeus numa Perspectiva Ocidental...Alberto Lyra
23. A Alquimia e seus Mistérios...Cherry Gilchrist
24. O Poder da Magia...Israel Regardie
25. Reencarnação e Imortalidade...Alexandra David-Neel
26. A Religião Astral dos Pitagóricos...Louis Rougier
27. Tao Te King / I Ching O Caminho do Sábio...Sérgio B. de Brito
28. A Franco-Maçonaria...Robert Ambelain
29. O Mistério de Jesus...Vamberto Morais
30. A Meditação pela Yoga...Vamberto Morais
31. Retorno ao Centro...Bede Griffiths
32. O Pensamento Védico...Carlos Alberto Tinôco
33. A Primeira Comunidade Cristã e a Religião do Futuro...Vamberto Morais
34. Psicologia Oriental – Os Sete Raios...Padma Patra
35. O Tarô Esotérico – O Livro de Toth...Julio Peradjordi
36. O Sobrenatural Através dos Tempos...Marc André R. Keppe
37. Os Cátaros e o Catarismo...Luciene Julien
38. Santa Verônica e o Sudário...Ewa Kuryluk
39. O Sentido da Vida...Vamberto Morais
40. O Povo do Segredo...Ernst Scott
41. Meditação ao Alcance de Todos...Henepola Gunarátana
42. A Deusa da Compaixão e do Amor...John Blofeld
43. A Religião do Terceiro Milênio...Vamberto Morais
44. O Poder do Som...Padma Patra
45. Tratado da Pedra Filosofal de Lambsprinch...Arysio N. Santos
46. O Ocultismo Sem Mistérios...Lorena de Manthéia
47. As Upanishads...Carlos Alberto Tinôco
48. Parábolas para Nosso Tempo...Vamberto Morais
49. Pense Grande...Saly Mamede
50. O Misticismo à Luz da Ciência...Newton Milhomens
51. Videntes de Cristo...Adelaide P. Lessa
52. Histórias da Bíblia – Velho Testamento...Archer W. Smith
53. Histórias da Bíblia – Novo Testamento...Archer W. Smith
54. MT – O Despertar para o Conhecimento...Marília de Campos
55. Manual do Místico...Rogério Sidaoui
56. Yoga – Repensando a Tradição...Acharya Kalyama
57. Sociedade Secreta de Jesus...Romero da Costa Machado
58. Khisnamurti, Kardec, O Homem...Durval Zanini
59. Pergunte a seus Sonhos...Rosa de Souza
60. Taro Carbônico...Adriano Camargo Monteiro
61. Evolução - A Jornada do Espírito...Paulo Guilherme Almeida
62. Aprendiz de Feiticeiro...André Pércia
63. Testiculos Habet – Et Bene Pendentes...Rosa DeSouza
64. Vida e Morte -Verso e Re-verso...Adelaide Peters Lessa

Ocultismo & Religião

EM FREUD, JUNG E MIRCEA ELIADE

A988a AZEVEDO, Mateus Soares de.
& religião em Freud, Jung e Mircea Eliade / Mateus Soares de Azevedo; Harry Oldmeadow. – São Paulo : IBRASA, 2010. (Gnose; 65)

90 p.
Bibliografia
ISBN 978-85-348-0336-6.
1. Ocultismo. 2. Religião. I. Título. II. Série

CDU 133:2

Índice para catálogo sistemático:

1. Ocultismo: 133
2. Religião: 2
3. Psicologia: 159.9
4. Filosofia: 1

Ocultismo & Religião

EM FREUD, JUNG E MIRCEA ELIADE

Mateus Soares de Azevedo
e Harry Oldmeadow

IBRASA - Instituição Brasileira de Difusão Cultural Ltda. São Paulo - SP

Direitos desta edição reservados à

IBRASA
Instituição Brasileira de Difusão Cultural Ltda.
Rua 13 de Maio, 446
Te/Fax: (0xx11)3284-8382
ibrasa@ibrasa.com.br
www.ibrasa.com.br

Capa
Antonio Carlos Ventura

Editoração & Diagramação
PDesign
www.petillodesign.com

Revisão
do Autor

Coordenação e Produção Editorial:
Tania Jorge

Publicado em 2010

IMPRESSO NO BRASIL - PRINTED IN BRAZIL

Sumário

Apresentação

Há nas origens da psicanálise de Sigmund Freud (1856-1939) um enigma e, simultaneamente, uma surpresa. Pois informações recentemente disponíveis permitem incluir no quadro geral do movimento psicanalítico, cujas teses repercutiram em praticamente todas as áreas da cultura contemporânea, elementos que vão além do materialismo estrito e de uma mera negação do espiritual pelas quais ele ficou popularmente conhecido. A ideia de que o fundador da psicanálise foi um intelectual completamente fechado na cultura cientificista e secularizada não guarda correspondência com os fatos. Hoje se sabe que o Freudismo sofreu forte influência não apenas do cienticismo materialista de inícios do século XX, mas também de ramos subterrâneos e heterodoxos da tradição judaica, especialmente de movimentos messiânicos, como os de Sabatai Zevi (século 17) e Jacob Frank (século 18) – o surpreendente influxo de crenças heterodoxas da Cabala marcou profundamente a psicanálise, e este é, precisamente, um dos assuntos centrais em discussão no presente livro.

Se Freud foi influenciado por ideias e práticas originárias de círculos hebraicos heterodoxos, as quais ele incorporou ao método psicanalítico, e se levarmos a sério sua derradeira obra, a controvertida *Moisés e a Religião Monoteísta*, na qual ele se quer apresentar ao mundo como o "profeta" que tomaria o lugar de Moisés numa civilização sem Deus, o propósito último do psicanalista judeu-austríaco seria substituir a religião tradicional pela psicanálise, atribuindo e retraçando todo pensamento e ação humana a uma causa subjacente fundamental, o impulso sexual. Aliás, Freud encarava as expressões da espiritualidade tradicional como mera consequência da repressão sexual, rendendo-se assim a uma visão reducionista – característica da costumeira alienação de muitos intelectuais contemporâneos em face da tradição religiosa. Da mesma maneira, o psicólogo suíço-alemão Carl Gustav Jung (1875-1961) valeu-se de doutrinas espiritualistas de base gnóstica e ocultista e mesmo, em certa medida, cristã – interpretadas à sua maneira peculiar – para compor suas polêmicas opiniões, às quais muitos atribuem perfeita convergência com teses das religiões. Esta é outra questão crucial que este livro se propõe responder: o Jungismo constitui uma alternativa real ao Freudismo, como se acredita em muitos círculos intelectuais e religiosos contemporâneos?

Finalmente, discute-se aqui a vida e a obra de outro influente intelectual que refletiu sobre os estimulantes e significativos choques e intercâmbios entre religião, ocultismo e psicologia. Trata-se do historiador de religiões romeno Mircea Eliade (1907-1986). Há um bom número de temas que atraíram simultaneamente sua atenção e a de Jung. Simbolismos mitológicos; disciplinas espirituais esotéricas como alquimia; a literatura mística do Oriente; os sonhos e as estruturas do inconsciente; as patologias da moderna civilização; para citar apenas alguns. Somos constantemente surpreendidos por paralelos. A obra de Jung sobre Alquimia e a de Eliade sobre Xamanismo propiciam uma visão da realidade na qual a energia física e a psíquica se mostram como duas dimensões de uma mesma realidade – de onde a possibilidade de poderes paranormais e coisas afins. Em suas abordagens, tanto Eliade como Jung foram receptivos às mensagens espirituais dos documentos que estudaram. Há, também, paralelos em suas biografias: resistência acadêmica a suas descobertas; hostilidade de "panelas" (os freudianos no caso de Jung, os antropólogos no de Eliade); a importância do fórum de Eranos como um lugar no qual ideias podiam ser ventiladas e hipóteses testadas em meio a mentes afins; viagens para Índia, África e América; a exploração intrépida de "universos espirituais estrangeiros" etc.

Não obstante os paralelos com a perspectiva jungiana, podemos observar uma curiosa divergência entre ele e Mircea Eliade. A despeito de toda a sua simpatia para com as mitologias primordiais e a espiritualidade oriental, Jung permaneceu resolutamente europeu em sua orientação: em seu enraizamento intelectual, ele sempre esteve do lado do Ocidente moderno. Há em Jung, ademais, uma tentativa de empurrar a metafísica e a cosmologia arcaica de volta para o campo puramente psíquico e subjetivo, ao passo que Mircea Eliade ia além disso – algo que pode ser constatado nos diferentes sentidos pelos quais ele e Jung se valeram do conceito de "arquétipo". Para o psicólogo suíço, os arquétipos são "estruturas do inconsciente coletivo", algo puramente psicológico, enquanto o historiador romeno retém o sentido neo-platônico de paradigma exemplar e trans-histórico.

Quanto a Freud, Mircea Eliade não poupou críticas à sua perspectiva reducionista em face da religião e da espiritualidade; o romeno escreveu em termos contundentes sobre o principal trabalho de Freud sobre a religião, *Totem e Tabu*: "Certamente que Freud e a psicanálise não devem ser julgados pelas histórias de horror apresentadas como fato histórico objetivo em '*Totem e Tabu*'. Mas é altamente significativo que tais hipóteses frenéticas possam ser recebidas como uma teoria científica aceitável, apesar de todas as críticas reunidas pelos principais antropólogos do século ... Utilizando os mesmos métodos e ferramentas da psicanálise, poderíamos expor alguns dos trágicos segredos do moderno intelectual ocidental: sua profunda insatisfação com formas gastas do Cristianismo histórico e seu desejo de se livrar, violentamente, da fé de seus antepassados, acompanhado por um estranho senso de culpa, como se ele mesmo tivesse matado um Deus no qual não poderia mais acreditar, mas cuja ausência ele não pode suportar."

Para Jung, o problema da religião é mais complexo do que para Freud. Ele rejeitou o dogmatismo estreito do protestantismo fundamentalista e chegou a escrever que "todas as religiões, até as formas de religião mágica dos primitivos, são psicoterapias, que tratam e curam os sofrimentos da alma, e os do corpo que derivam da alma." Tanto Jung como Eliade estavam preocupados com o lugar do homem num mundo no qual a ciência despojou o cosmo de significado profundo, solapou os pilares da fé e roubou do homem sua envergadura espiritual. Sejam quais forem nossas opiniões sobre algumas das questões abordadas neste livro, devemos levar em conta que Jung e a Eliade contribuíram no resgate de suas disciplinas das garras do materialismo e procuraram oferecer pontes para o aparente fosso que separa a religião tradicional da ciência objetiva e o Oriente do Ocidente. Ambos têm muito a nos dizer. Contudo, se temos de escolher o que é válido em suas obras, temos de manter o senso das proporções e aplicar um discernimento que só pode vir dos tesouros dos ensinamentos metafísicos e espirituais das tradições religiosas integrais.

1

A RELIGIÃO SECRETA DE FREUD

Flectere si nequeo superos,
Acheronta movebo.

("Se não posso levar a melhor sobre
os poderes do alto,
então agitarei todo o inferno."
– epígrafe que Freud colocou em seu livro
"A Interpretação dos Sonhos",
tirada da "Eneida", de Virgílio.)

Nas origens da Psicanálise freudiana, uma surpresa:

O influxo de escolas heterodoxas da Cabala. Informações só recentemente disponíveis permitem incluir no quadro geral do movimento freudiano elementos que vão além do materialismo estrito e de uma mera negação do espiritual. Evidências apontam que o Freudismo sofreu forte influência não apenas do cienticismo materialista da virada do século XIX para o XX, mas também de ramos subterrâneos da tradição judaica, especialmente dos movimentos espiritualistas de dois líderes messiânicos, Sabatai Zevi (1626-1676) e Jacob Frank (1726-1791).

Muito mais profunda e abrangente do que em geral se acredita foi a influência da religião, em seus diversos modos e dimensões, na vida e na obra de Sigismund Schlomo Freud – nascido em uma família judia asquenazita em 6 de maio de 1856, em Freiberg, Áustria (hoje território da República Checa) e falecido em Londres, em 23 de setembro de 1939. A ideia de que o fundador da psicanálise foi um intelectual completamente fechado na cultura cientificista e secularizada não guarda correspondência com os fatos. Em sua autobiografia, por exemplo, ele fala da familiaridade com as histórias da Bíblia antes mesmo de ter aprendido a escrever e do quanto este conhecimento teve um efeito duradouro sobre seus interesses. Ainda mais importante, a religião foi objeto de uma grande variedade de seus artigos, ensaios e cartas. Entre os livros, três de suas obras mais importantes tratam diretamente do tema: '*Totem e Tabu*' (1913); '*O Futuro de uma Ilusão*' (1927); e '*Moisés e o Monoteísmo*' (1939).

Em '*Totem e Tabu*', Freud sustentou a controvertida e petulante tese que toda religião não passa de uma forma coletiva de neurose – ou de culpa pelo homicídio da "figura paterna". Em '*O Futuro de uma Ilusão*', escreve que a religião deriva de desejos humanos, que não há nela, portanto, elementos transcendentes ou revelados e Deus representa apenas um anseio infantil pela 'figura do pai'. Em suma, expunha uma visão negativa da natureza e do papel da religião: ou era uma 'ilusão' ou uma 'expressão coletiva de neurose'.

Finalmente, em '*Moisés e o Monoteísmo*', Freud

leva ao paroxismo sua fixação no tema do homicídio do 'pai' ao apresentar o profeta e revelador da tradição judaica, Moisés, como um *gói* – no caso, um egípcio! O homem que revelou a Tora e trouxe as tábuas da lei – código de conduta depois "universalizado" ao ser incorporado tanto pelo Cristianismo como pelo Islã –, o mesmo Moisés que libertou seu povo do faraó, há cerca de 1.300 anos antes de Cristo, não teria sido um judeu. Além disso, segundo a visão altamente idiossincrática de Freud, ele foi morto pelos próprios israelitas, supostamente revoltados com a imposição da circuncisão! Ao matar tal 'pai' e, depois, para fazer frente ao sentimento de culpa resultante, os judeus passam a seguir a religião mosaica como forma de expiação de sua culpa. Nesta "desconstrução" iconoclasta da figura do "pai" por excelência da tradição judaica, Freud pretende pôr em xeque, mediante uma simples "canetada", uma tradição milenar.

Neste momento é importante ressaltar a pouco conhecida relação de Freud com o misticismo heterodoxo, que dá conta do intenso intercâmbio do inventor da psicanálise com formas dissidentes da Cabala, especialmente com o legado das escolas sabataísta (século XVII) e frankista (século XVIII), que agitaram profundamente as comunidades judaicas na Europa e Oriente Próximo – como veremos adiante. Ou seja, se Freud de fato nutria uma visceral antipatia e mesmo "birra" para com formas tradicionais de religião, sobretudo a ortodoxia mosaica, ele, por outro lado, tinha conhecimentos abrangentes e interesse por toda forma de heterodoxia e de movimentos de rebeldia religiosa. Algo que é atestado por seu grande apreço por técnicas cabalistas como a de interpretação dos sonhos e sua imensa coleção de ídolos e estátuas de divindades diversas, que atulhavam seu escritório e seu consultório em Viena – em oposição, diga-se, ao primeiro mandamento da lei mosaica, que diz: "*Não terás outros deuses além de Mim; não farás para ti imagem de escultura, nem figura alguma (...) Não adorarás tais coisas.*" (Êxodo, 20:3-7)

A longa vida de Freud – 83 anos – pode ser dividida em dois períodos principais. O conhecimento que temos do segundo período – abarcando o século XX – é bastante extenso. Caracterizam-no palavras-chave como 'neurologia', 'psiquiatria', ou 'ciência'. Quanto ao período inicial, abrangendo o século XIX, há muito pouca informação disponível. Tal período pode ser simbolizado por palavras-chave como 'diáspora judaica', 'gueto', 'Cabala' e, inevitavelmente, 'antissemitismo'. Foi nesse ambiente que ele nasceu e cresceu, e do qual recebeu influências que marcariam todo o seu posterior percurso existencial e intelectual.

Sigmund Schlomo Freud, em 1920.

Um exemplo dessa influência duradoura é o prefácio que escreveu para a edição hebraica de *Totem e Tabu*, publicada em 1939 (ano de sua morte) em Jerusalém: "*Eu me encontro tão distanciado da religião paterna como de toda outra religião, mas nunca reneguei a conexão com meu povo. Se alguém, contudo, me perguntasse o que ainda há de judeu em mim, dado que renunciei a tantos elementos comuns, eu responderia: 'Todavia ainda muitas coisas, talvez todo o principal'.*"

Essas palavras foram compostas, provavelmente, para prevenir possíveis reações contrárias, dadas as críticas violentas aos "elementos comuns que ele renunciou" – referência ao seu abandono da tradição de seus pais –, mas também para indicar que, por trás da rejeição à ortodoxia mosaica, havia ainda uma ligação com correntes subterrâneas da mística judaica.

Pouco se sabe desse período inicial, entre outras razões porque Freud mesmo destruiu seu arquivo de documentos pessoais, por pelo menos duas vezes, em 1885 e em 1907. Qual a razão para isso, alguns eruditos perguntam. A resposta mais óbvia é que a ação visava resguardar tanto informações puramente pessoais como também, inevitavelmente, documentos que poderiam indicar visões diferentes da oficial que se queria propagar. Além disso, os documentos posteriores a esta data têm permanecido rigorosamente guardados nos Arquivos Freud e só têm se tornado disponíveis a um círculo restrito de psicanalistas "ortodoxos".

Seja como for, uma inovação tão revolucionária como a psicanálise, que ademais transmitiu sua influência para diversos e variados domínios da cultura contemporânea, cujos conceitos e práticas se infiltraram em praticamente todo tipo de atividade, não poderia ser obra exclusiva de uma única mente, como observou o autor norte-americano Whitall Perry em *Challenges to the secular society* (EUA, 1996). Em *Moisés e o Monoteísmo*, o próprio Freud notou que "tudo o que existe hoje deriva de alguma corrente do passado". Esta "corrente do passado", que de certa maneira está subjacente às origens da psicanálise, não é outra que a própria tradição judaica, sobretudo seu ramo místico, a Cabala. E, mais particularmente ainda, suas correntes heterodoxas ou antitradicionais.

As origens familiares de Freud eram hassídicas, escola mística estabelecida no Leste Europeu no século XVIII. Sua maior figura é o *Baal Shem Tov* (1700-1760), o "mestre do nome sagrado", fascinante personalidade que renovou o Judaísmo com seu fervor místico e sua ênfase na oração, na música e na dança como suportes contemplativos. O hassidismo, contudo, como apontou Gershom Scholem em '*O Nome de Deus*' (1999), não ficou imune às teses subversivas de escolas heterodoxas como o sabataísmo e o frankismo.

Sabatai Zevi (1626-1676), originário de Esmirna (atual Turquia),declarou-se o "messias" e causou uma torrente de entusiasmo entre as comunidades judaicas da Europa e do Oriente Médio. Costumava assinar suas cartas com um prosaico "*o Senhor, seu Deus, Sabatai Zevi*". A despeito da excomunhão que sofreu por parte do rabinato de Jerusalém, contou com o apoio entusiástico das massas e entrou em Istambul, capital do então poderoso Império Otomano, com o propósito de converter o sultão ao seu especial tipo de Judaísmo. Pagou caro, contudo, por sua ousadia e irrealismo, e foi ele quem teve de trocar de lado, apostatando para o Islã, sob o nome de Mehmet Effendi. A frustração que tal fraude causou no mundo judaico foi enorme, mas o anarquismo religioso e a ruptura com a tradição, incluindo a contestação da moral sexual, como pregados por Sabatai Zevi, deixaram sequelas.

No século seguinte, outro rebelde, Jacob Frank (1726-1791), se autoproclamou seu continuador; quase desnecessário é informar que também se dizia o "messias" e, igualmente, foi excluído da comunidade judaica. O credo e o culto frankista desafiavam a lei mosaica. Seu "fazei o quiseres, é tudo da lei" era posto em prática especialmente mediante ritos de "liberação dos instintos sexuais". Com suas teses condenadas, Frank acabou por simular, como Zevi, adesão a outra religião, desta vez o Catolicismo e, assim, sua influência extrapolou os limites do Mosaísmo, abrangendo a Europa central e oriental, onde suas ideias circulavam com desenvoltura no século XIX, quando Freud nasceu. "Eu vim ao mundo para livrá-lo de todas as leis e estatutos em vigor", Frank costumava dizer.

Nas palavras de Gershom Scholem, Jacob Frank foi uma das mais sinistras figuras do messianismo judaico, mescla de "déspota, profeta popular e impostor ardiloso".

Tais correntes heterodoxas exerciam influência latente no Judaísmo; elas levavam seus adeptos à crença de que teriam "superado" a Torá. David Bakan, professor de psicologia da universidade de York, sustenta, no estimulante *Freud and the Jewish Mystical Tradition* (Dover, 2004), que foram essas correntes que influenciaram diversas concepções freudianas. Freud operou, deste modo, uma secularização da mística judaica, e a psicanálise pode ser vista como tal secularização.

Mas, se foi de fato assim, por que não há referências explícitas a este ponto em sua obra? A resposta que Whitall Perry e David Bakan dão é convergente: uma das causas foi o antissemitismo; a outra, o orgulho de Freud, sua "personalidade messiânica", como notou Bakan. Freud temia que, no contexto de racismo, latente ou explícito, vigente na Europa de então (basta citar a esse respeito o caso Dreyfus, no início do século XX), indicar suas fontes judaicas, ainda que não ortodoxas, exporia desnecessariamente a psicanálise a forte, e talvez fatal, oposição. Não foi por outra razão que ele insistiu tanto na unção de Carl-Gustav Jung, o único não-judeu do círculo inicial da psicanálise, como seu sucessor e presidente da Sociedade Psicanalítica Internacional. A defecção de Jung causou tanto mais desgosto em Freud na medida em que ele acreditava que o suíço "salvaria a psicanálise". Outro fator a ser levado em conta é que o segredo e a dissimulação fazem parte da Cabala; tanto da ortodoxa como das correntes heterodoxas.

A Cabala, além disso, inclui o que, na falta de um termo melhor, poderíamos chamar de "visão consagrada" da sexualidade. Entre suas visões figura a da união conjugal como uma emanação da união *in divinis* entre o Divino e sua *Shekinah* (a "Presença Divina"), protótipo perene de todas as polaridades complementares que se manifestam no mundo do tempo e do espaço – como a terra e o céu, o dia e a noite, o esforço e o descanso, o masculino e o feminino etc. O par oposto e complementar formado pelo polo masculino e o feminino constitui, assim, um resultante da primeira polarização que ocorre no Princípio Supremo, entre Absoluto e Infinito. É desta dualidade principial que derivam todas as oposições distintas e complementares que fazem o mundo terreno. Dessa maneira, a sexualidade humana é encarada como simbolicamente conectada à "atividade" eterna da Divindade. Não é por outra razão que a de sua intrínseca sacralidade que o sexo, nas civilizações tradicionais, é cercado de rígidas condições e sanções. É por isso também que o código mosaico – ao qual Freud, como judeu, estava originalmente vinculado – coloca os desvios sexuais como particularmente graves. Não surpreende, portanto, que as transgressões do código mosaico estejam no centro de interesse da teoria e da prática psicanalítica.

Freud, dessa forma, não inovou propriamente ao trazer a sexualidade para o centro da cena.

Mas, ao efetuar essa operação, tornou-a profana, dessacralizou-a, desvinculando-a de seus elos com o domínio transcendente. Ele, assim, despojou a sexualidade humana de sua aura espiritual.

Nesta secularização, Freud foi tão longe a ponto de, em outra operação iconoclasta, "desconstruir" a figura do "pai" da tradição de seus antepassados, como fez nesta obra exótica e excêntrica que é *Moisés e o Monoteísmo*. Nessa operação transparece já algo das ideias antitradicionais e "anarquistas" de Sabatai Zevi e Jacó Frank.

Outro exemplo de influências esotéricas heterodoxas pode ser visto no interesse do fundador da moderna psicanálise pela técnica cabalista da *gematria* – estudo dos significados ocultos dos números e das letras (a qual, curiosamente, foi usada pelos adeptos de Sabatai Zevi para "provar" sua condição messiânica). Freud valeu-se da gematria na interpretação dos sonhos, na técnica da "livre associação" e, também, na análise dos atos falhos.

A visão reducionista da religião tradicional – pois o freudismo tem a pretensão de tudo reduzir a fatores psicológicos e de excluir o intelectual e o espiritual, encarando as expressões da espiritualidade como consequência de uma "sexualidade reprimida"

– não se limitou ao campo judaico, podendo-se constatar operações similares também em relação ao Cristianismo. A ideia da "sucessão apostólica" para começar.

Cristo transmitiu a seus apóstolos autorização para ouvir 'confissões' e 'perdoar' pecados, o que envolve a transmissão de poderes espirituais. Mediante uma iniciação religiosa – o sacramento da Ordem –, certos indivíduos são investidos do sacerdócio e recebem tais 'poderes'. Freud, por assim dizer, adaptou, segundo seu método 'desconsagrador', tal concepção: um psicanalista só se habilita a pôr em prática as metodologias específicas da profissão, segundo a concepção freudiana "ortodoxa", se for antes psicanalisado, ou "iniciado", por outro analista.

O princípio pelo qual todo psicanalista deve antes ser analisado levanta a incômoda questão, como observou René Guénon em *O Reino da Quantidade e os Sinais dos Tempos* (1989), acerca da fonte a partir da qual os primeiros analistas obtiveram os poderes que transmitem. Ou seja, quem ocupou o primeiro lugar na fila e passou os "segredos" do ofício a Freud? E se ele foi o primeiro da série, autocolocava-se então, ainda que de forma "cabalisticamente" dissimulada, como o fundador de uma nova linhagem pararreligiosa?

René Guénon no Cairo, cerca de 1940.

Técnicas do confessionário católico foram igualmente re-elaboradas pela psicanálise, também em modo secularizante. O caráter rigorosamente individual da sessão psicanalítica, a tese da "transferência" – sejam pecados ou "complexos" –, o "alívio" da culpa, e até o próprio posicionamento físico dos envolvidos, são alguns exemplos de paralelismos com o confessionário, a despeito, é claro, dos valores e objetivos envolvidos serem radicalmente distintos.

Para a maioria dos psicólogos modernos, como observou Titus Burckhardt em "*Modern Psychology*" (World Wisdom, 2003), a moralidade tradicional – facilmente confundida com uma moral puramente social ou convencional – não passa de uma espécie de barragem psíquica, útil ocasionalmente, mas, mais comumente, um obstáculo ou mesmo algo prejudicial ao desenvolvimento "normal" do indivíduo. Esta opinião é propagada especialmente pela psicanálise, que se tornou amplamente aplicada em alguns países, onde usurpou na prática a função que em outros lugares pertence ao sacramento da confissão. O psicanalista substitui o sacerdote e a irrupção de complexos que haviam sido previamente represados toma o lugar da absolvição. Na confissão ritual, o sacerdote não é senão o representante impessoal – necessariamente circunspecto e cauteloso – da Verdade transcendente que julga e perdoa; o penitente, ao admitir seus erros e pecados, "objetiviza", num certo sentido, as tendências psíquicas que esses pecados manifestam. Ao arrepender-se, ele separa a si mesmo desses erros e pecados e, ao receber o perdão sacramental, sua alma é virtualmente reintegrada e re-centrada em seu equilíbrio primitivo. No caso da psicanálise, por outro lado, o homem expõe suas entranhas psíquicas, não diante de um representante do sagrado, mas de um mero profissional profano. Ele não se distancia das profundezas caóticas e obscuras de sua alma, as quais o psicanalista revela ou remexe, mas, pelo contrário, aceita-as como suas, pois deve dizer para si mesmo: 'isto é o que eu sou na realidade'.

Titus Burckhardt (1908-1984)

Essa tendência secularizante, de que a psicanálise é apenas um exemplo, é percebida, no ideário moderno em geral, como o intuito de cortar as "asas metafísicas" do homem, como notou Frithjof Schuon. Suspenso, por assim dizer, entre dois planos de realidade, o físico e o metafísico, o homem é reduzido pelo freudismo, na prática, ao primeiro. Isso, contudo, não surpreende-se se tem em conta sua antropologia reducionista: para o freudismo, o homem em última instância é o *id*, a parte instintiva, animal e irracional, oculta por trás da "máscara" da racionalidade – *id* que se constitui, assim, no "cerne de nosso ser", como Freud sustentou, por exemplo, em *Outline of Psychoanalysis* (Norton, 1949).

Mas, a pergunta é inevitável, se a racionalidade é apenas "uma espécie de fachada" (como Freud escreveu em *O Mal-Estar na Civilização*) para uma animalidade mais fundamental e a custos mantida sob controle – animalidade que é o "cerne de nosso ser" –, como fica a própria psicanálise, dado que ela é também uma doutrina que se quer racional? É ela condenada por seu próprio veredicto, como argutamente apontou Schuon, ou seria a única doutrina a escapar, como num passe de mágica, dessa animalidade tornada inescapável?

Além de Schuon, Guénon e Burckhardt, outro importante autor para quem as contradições do freudismo tampouco passaram despercebidas foi Mircea Eliade. Em sua autobiografia, *No Souvenirs* (Harper&Row, 1977), o historiador das religiões romeno afirma que "a psicanálise justifica sua importância dizendo que ela nos força a olhar para a realidade, e a aceitá-la. Mas que tipo de 'realidade'? Uma realidade condicionada pela ideologia materialista da própria psicanálise". Em *Cultural Fashions and history of religions* (Chicago Press, 1967), Eliade critica as "histórias de horror apresentadas como fato histórico objetivo" num dos principais textos sobre religião de Freud, *Totem e Tabu* – livro este que constitui um autêntico *roman noir* frenético para Eliade.

A conclusão a que se chega após ponderar esses elementos é que, a despeito de sua violenta hostilidade à religião tradicional – vista por Freud como uma "neurose coletiva" e uma "ilusão"–, ele se utilizou de diversos conceitos e procedimentos derivados dela. Os princípios para a análise dos sonhos e dos atos falhos, por exemplo, devem à *gematria* cabalista. A sessão psicanalítica é devedora de técnicas do confessionário. A ideia da "transmissão psicanalítica" vem da "sucessão apostólica" católica. O conceito do complexo de Édipo foi tirado da antiga religião grega. O papel central atribuído à sexualidade deriva da Cabala. Influências essas, ou melhor, "empréstimos" esses nunca reconhecidos por Freud. Envolvendo toda essa atmosfera, percebe-se também um viés mental antinômico e negacionista, herdado – inconscientemente? – de correntes heterodoxas do Judaísmo como o sabataísmo e o frankismo. Em síntese, a despeito de sua perspectiva virulentamente contrária à religião tradicional, o freudismo paradoxalmente se atribui papéis que de fato são espirituais, como o alívio da culpa e a cura de almas, sendo que um autêntico médico da alma sempre foi visto, em todas as civilizações, como um *pontifex* ou um *medicine-man*, um genuíno mestre espiritual. Esses papéis obrigam a psicanálise a se colocar na prática como um substituto da religião ou uma contrafação da espiritualidade, posando simultaneamente de descobridora de fatos que já eram conhecidos.

Em outras palavras, o Freudianismo, que quer por em xeque os fundamentos mesmos da verdade e da legitimidade das religiões, tornou-se na prática uma espécie de nova "religião" para o mundo secularizado. É um típico caso de uma ideologia secular subrepticiamente se transformando numa contrafação "fundamentalista" de "religião". Como Frithjof Schuon escreveu:

"O crime espiritual e social da psicanálise consiste em usurpar o lugar da religião, ou da autêntica sabedoria, e em eliminar de seus procedimentos quaisquer considerações sobre nossos fins últimos. Como é o caso com toda solução que se esquiva do

sobrenatural, a psicanálise substitui à sua maneira aquilo que ela abole: o vazio que produz com suas destruições voluntárias ou involuntárias incha-a e a condena a postular um falso infinito ou a agir como uma pseudorreligião." [1]

1. *Survey of Metaphysics and Esoterism*, pp. 197-198 (World Wisdom, EUA, 2003).

2

JUNG E OS CRENTES SEM RELIGIÃO

Ocultismo, Gnosticismo, Espiritismo e a Relação com Freud

"Enquanto o materialismo do século XIX
fechou a mente do homem
para o que está acima dele,
a psicologia do século XX
abriu-a para o que está abaixo dele."

Ananda K. Coomaraswamy

Sigmund Freud (1856-1939) foi influenciado por ideias e práticas originárias de círculos heterodoxos do Judaísmo, as quais ele incorporou ao método psicanalítico. E, se levarmos a sério seu último livro, *Moisés e a Religião Monoteísta*, onde ele se apresenta como o "profeta" que tomaria o lugar de Moisés numa civilização sem Deus, seu propósito último era substituir a religião tradicional pela psicanálise. De modo similar, Carl Gustav Jung (1875-1961) valeu-se de doutrinas espiritualistas de base gnóstica e ocultista e mesmo, em certa medida, cristã – interpretadas, certamente, à sua maneira peculiar – para compor sua obra. [2]

Em outras palavras, Freud atribuiu e retraçou todo pensamento e ação humana a uma causa subjacente fundamental, o impulso sexual. Marx (1818-1883) já havia feito o mesmo anteriormente, atribuindo, por sua vez, a causa ao interesse material ou econômico. Eles foram, assim, os grandes "coveiros" da objetividade e da virtude, dado que sustentavam que os homens não seriam capazes de pensamento ou ação perfeitamente desinteressados e isentos; Freud e Marx foram os principais responsáveis pelo "ceticismo da objetividade" que domina a mentalidade ocidental desde fins do século XIX. A questão que procurarei

2. Vale ressaltar aqui que Jung não era filiado a nenhuma denominação cristã, protestante ou católica, apesar de (ou, talvez, em razão de!) seu pai, e vários de seus parentes, terem sido pastores protestantes. Ele tampouco foi adepto de qualquer ramo de uma grande religião mundial, como Budismo ou Islã por exemplo.

responder aqui é se o Junguianismo constitui uma alternativa real a esta visão das coisas, como se acredita em muitos círculos intelectuais e religiosos contemporâneos.

Ananda Kentish Coomaraswamy (1887-1947)

Para começar, uma importante declaração de Jung:

"*A psicologia se acha em uma posição desvantajosa: o observador e o objeto observado são, em última análise, uma só e mesma coisa. Infelizmente, a psicologia não dispõe de um ponto de apoio externo (...), pois toda percepção é de natureza psíquica.*"

Esta citação, tirada de *O Símbolo da Transformação na Missa* [3], expõe toda a contradição da perspectiva junguiana. O que ele candidamente diz aqui é que a alma é simultaneamente o sujeito e o objeto da (sua) psicologia. E, portanto, toda avaliação psicológica compartilha da natureza essencialmente subjetiva de

3. Petrópolis, Editora Vozes, 1991, p. 47.

seu objeto. Ora, se o psíquico é o reino do subjetivo, do instável e do relativo, como pode ele julgar com objetividade o plano da própria psique?

Jung nega aqui a capacidade de o homem ver objetivamente a realidade, seja a da alma (interior), seja a do mundo (exterior). O que isto significa no final das contas é a destruição da inteligência. Ademais, se "toda percepção é psíquica", qual o interesse das observações do próprio Jung? Mera curiosidade ou passatempo?

Jung em 1910

Contraditoriamente, não era assim que ele as via. Pelo contrário, levava suas análises terrivelmente a sério. Como se seus julgamentos fossem os únicos que tivessem a capacidade de escapar, como num passe de mágica, do "tudo é psíquico" que ele proclamou. É a contradição típica do relativismo:

"todo homem é mentiroso", ou "tudo é subjetivo" – mas se é assim, este veredicto condena igualmente seu formulador. Ou será que tudo é subjetivo, menos o junguianismo? Todos são mentirosos, menos Jung?

"Infelizmente, a psicologia não dispõe de um ponto de apoio externo": poderia, e deveria, dispor, pois é somente a partir de uma instância superior ao puramente psíquico que a alma e o mundo podem ser compreendidos. Esta instância é o intelecto – contudo, ele é rejeitado pela psicologia junguiana.

Mas, que é o intelecto?

Não é tarefa fácil defini-lo, sobretudo porque na linguagem corrente ele facilmente se confunde com o mental e a razão individual. Do ponto de vista de filosofia tradicional, que concebe o homem como ser tripartite, constituído de corpo, alma e Espírito ou Intelecto, este último indica a dimensão de objetividade que vai além do interesse puramente individual. O intelecto é a capacidade que o homem tem de ver a si mesmo com objetividade, imparcialidade, desapego; de ver-se como que de fora de si mesmo.

Exemplos do intelecto na vida diária são nossa intuição, nosso senso inato de justiça, nossa capacidade para a matemática, nosso senso inato do que é certo e errado, como observou William Stoddart em *Remembering in a world of forgetting*[4]. A presença da "voz da consciência" é outro exemplo de atuação do intelecto.

O intelecto é a faculdade que nos permite ver as coisas como são realmente, deixando de lado nossos interesses individuais ou grupais; é o que permite ver as coisas e nós mesmos com imparcialidade, diretamente, sem nem mesmo passar pela mediação da razão.

Enquanto a mente ou razão está incluída na alma (juntamente com o sentimento, a memória, a imaginação e a vontade), o intelecto está "acima" da alma – ou em seu centro mais profundo, num ponto que transcende o ego individual. O intelecto é, assim, o que o homem possui de universal, objetivo, imparcial, perene. Segundo Santo Tomás de Aquino, o intelecto é a capacidade de ver as coisas *sub species eternitatis*, segundo o "ponto de vista" da eternidade. Para Frithjof Schuon, o que a Revelação é para o macrocosmo, o Intelecto é para o microcosmo; o que o Verbo divino representa no mundo exterior, o intelecto é no interior. "O intelecto pode conhecer tudo o que é cognoscível", ele escreveu.

Nas impactantes palavras de Hermes Trismegistos: "É *pela luz do Intelecto que a alma humana é*

4. Publicado nos EUA por World Wisdom, em 2008.

iluminada, como o mundo é iluminado pelo Sol – na verdade, numa medida ainda maior!"

Em outros termos, o intelecto transcende o plano da psique, não está sujeito ao seu vai-e-vem subjetivo; só o intelecto pode ver através das ambiguidades, flutuações e incertezas do ego. Como observou Titus Burckhardt, se tudo é psicológico, com que direito a psicologia se coloca como instância suprema de conhecimento, já que neste caso ela também não passa de uma "atividade psíquica" como qualquer outra?

Jung: nem Yin, nem Yang

Jung mostrou interesse pela cultura oriental, mas nunca foi além de certo ponto e seu balizamento intelectual sempre esteve do lado do moderno Ocidente. Pode-se ilustrar este fato pela maneira como ele "escapuliu" de um contato pessoal com o maior santo da Índia recente, Sri Ramâna Mahârshi (1879-1950).

Sri Ramâna Mahârshi (1879-1950)

Jung visitou a Índia em 1937 e, tendo arranjado uma visita ao sábio, alegou de última hora um motivo fútil para faltar ao compromisso.

Como ele mesmo escreveu sobre o revelador episódio, em *"Psicologia e Religião Oriental"* [5] : "*Duvido da irrepetibilidade do Mahârshi. Ele é um tipo que existiu e sempre existirá. Por isso achei desnecessário visitá-lo. (...) O puro sábio e o puro santo me interessam tanto como um raro esqueleto de réptil escamado, são incapazes de me comover...*"

Além da presunção e soberba que este comentário expõe, o incidente é revelador também sob outros pontos de vista. Sendo Ramâna Mahârshi tido como a representação por excelência do ego espiritualmente "extinto", purificado e unido ao Si divino, ele corporificava aquelas virtudes que fazem o santo e o sábio, em todas as culturas: o discernimento espiritual, a humildade, a generosidade, o completo desapego de si. Jung, por seu turno, não possuía tais excelsas qualidades e não estava livre do desejo de fama, riqueza ou poder – mesmo assim, achava-se um modelo de "individuação" (tema que discutiremos a seguir). Ademais, como reza a sabedoria popular, "Narciso acha feio o que não é espelho" e Jung evitou se confrontar com um homem que havia domado o dragão do ego e não alimentava ilusão acerca do mundo. Jung se sentiu intimidado pela

5. Obras Completas, vol. XI, Vozes, 1986.

força espiritual a qual tal visita o exporia. Ele virou as costas para a espiritualidade tradicional num reflexo de autodefesa, pois temia, "inconscientemente" (é o caso de dizer!) o contato com um representante da sabedoria tradicional que desmentiria na prática suas teorias psicologizantes.

A sabedoria que o Mahârshi expôs e viveu, a do Vedânta não-dualista, ensina que o mundo, e o ego que dele faz parte, são relativos, ou "ilusórios" em última instância; somente o puro Absoluto é Real. Mas, na sequência desta elevada concepção metafísica, aponta que a alma, em sua dimensão mais profunda, não pertence a outro campo que o do Real. Nos termos elípticos do Vedânta: *"Brahma [Deus] somente é real; o mundo é aparência; a essência da alma não é senão Brahma"*.

Jung, por sua vez, ensina que cada homem deve experimentar diretamente, sem referência aos métodos tradicionais, seu "Deus interior" e seguir sua "própria lei". O processo de individuação levaria as pessoas a questionar e, afinal, abrir mão de seus apoios religiosos, sociais e morais convencionais. Em *Adaptation, individuation, collectivity* § 1103, ele chegou ao ponto de declarar, como um "profeta" de sua própria "religião": "*Afastando-se do Deus da religião, a pessoa se torna plenamente ela mesma.*"

Deste ponto de vista, a alma não necessitaria da fase inicial de purificação e "extinção", nem tampouco dos suportes religiosos que propiciam tal purgação. A semelhança entre as duas abordagens, a tradicional e a junguiana, é ilusória e superficial. A primeira indica que a alma decaída é dominada pelo *ego-ísmo* e as paixões; ela precisa ser "domada". É a via do desapego, da "extinção" das paixões e do egoísmo que se tornou uma segunda natureza. Este é o primeiro passo da via espiritual, em todas as tradições espirituais. Só depois é que vem a fase da "união", quando a alma "entra" no campo do Real. O erro aqui é não levar em conta a necessidade da "limpeza" da alma, isto é, da erradicação dos vícios e da prática das virtudes. A psicologia junguiana, contudo, nada diz deste estágio inicial. A pergunta que fica aqui é se este não é justamente o ensinamento contido no simbolismo da "serpente" no Éden, que diz que "o homem é Deus"? Como, aliás, já havia sustentado o Gnosticismo heterodoxo dos primeiros séculos, Gnosticismo este que fascinara Jung.

Seja como for, alguns veem no junguianismo, quando comparado ao freudismo, uma maior convergência com as espiritualidades tradicionais. Mas permanece válido o argumento de que a diferença entre os dois é que enquanto Freud se gabava de ser um inimigo irreconciliável da tradição, Jung simpatizava com ela, mas, na realidade, esvaziava-a de seus conteúdos mais profundos, substituídos pela noção do psiquismo coletivo. Jung procurou aproximar a psicologia da filosofia e sustentou que o ato de pensar, base da filosofia, não passava de uma atividade psíquica como qualquer outra. Isso é o mesmo que descartar a verdade objetiva e colocar tudo na vala comum do subjetivo.

Operação similar pode ser vista no sentido em que ele usou o termo "arquétipo". Diferentemente do sentido original, platônico, de um paradigma exemplar que transcende história e é encontrado em todas as civilizações e épocas, Jung encara os arquétipos como "estruturas do inconsciente coletivo" e parte do plano psicológico apenas, sem nenhuma conotação realmente intelectual e objetiva.

Constata-se em Jung, ademais, o repetido movimento de compelir a metafísica e a religião de volta ao campo psíquico, como se este tivesse sempre a última palavra. Esta tendência acabou por contaminar todas as esferas de atividade humana, marcando com seu particular relativismo a cultura, a história, a arte e a religião. Ao menor toque do Junguianismo, tudo se torna "psicológico" – ou seja, subjetivo e relativo.

Influência do Espiritismo

Na *Turm*, a torre que Jung ergueu, em 1923, em sua propriedade em torno do lago Zurique, havia em seu quarto uma grande pintura mural. Ela retratava *Filemon*, a quem considerava seu "guia" no mundo dos espíritos. Foi por intermédio deste ente que ele diz ter recebido "inspiração" para seus conceitos dos arquétipos e do inconsciente coletivo (discutidos a seguir). A influência do espiritismo se manteve ao longo de toda a sua vida e ele participou de várias *sessões* paranormais.

Parceria e rompimento com Freud

Jung conheceu Freud em 1907. Viu na psicanálise um potencial religioso, que gostaria de fazer convergir com o seu grande interesse na antiga religião pagã alemã. Concomitantemente a isso, via no Cristianismo um desdobramento do Judaísmo e, portanto, uma espiritualidade semítica – algo de que os povos germânicos tinham de se livrar, voltando-se para suas raízes nacionais no campo religioso. Esses fatores - forte ligação com o ocultismo, o espiritismo e o paganismo germânico – contribuíram para seu rompimento com Freud, em 1913.

Do ponto de vista da psicologia, Jung pensava que Freud exagerara o papel da sexualidade e da repressão na vida psíquica, bem como a importância das fantasias e traumas da infância. Também criticava o dogmatismo pelo qual tais teses eram sustentadas. Via Freud como um destruidor das cadeias da tradição, como um iconoclasta, mas não como o 'avatar' de uma nova era – reservava para si tal papel.

Já vimos no capítulo anterior, sobre o pseudoesoterismo de Freud, as opiniões deste último sobre a religião tradicional e não é necessário reapresentá-las aqui em detalhe, bastando dizer que ele via as expressões da espiritualidade simplesmente como consequência da sexualidade reprimida. Freud tinha uma visão completamente limitada e reducionista da religião. Para citar apenas um crítico de tais opiniões, mencionemos o historiador das religiões Mircea Eliade (1907-1986), que rejeitou as extraordinárias elucubrações de Freud sobre esse tema: "*é significativo que as hipóteses frenéticas apresentadas em 'Totem e Tabu' possam ser recebidas como uma teoria científica aceitável, apesar de todas as críticas recebidas ... Depois de 1920, a ideologia freudiana foi absorvida como algo líquido e certo em sua totalidade. Utilizando os mesmos métodos da psicanálise, poderíamos expor alguns dos trágicos segredos do moderno intelectual ocidental: por exemplo, sua profunda insatisfação com formas do Cristianismo histórico e seu desejo de se livrar violentamente da fé de seus antepassados, acompanhado por um estranho senso de culpa, como se ele mesmo tivesse matado um Deus no qual não poderia mais acreditar, mas cuja ausência não pode suportar.*" [6]

---

6. "*Cultural fashions and the history of religions*", p. 25.

O processo de "individuação"

Para Jung, o inconsciente coletivo é formado pelo resíduo das crenças dos povos primitivos e é para tais crenças e práticas que as pessoas deveriam se voltar para integrarem suas vidas no processo de *individuação* – espécie de "libertação" das convenções e crenças tradicionais da família, sociedade e religião. Não é preciso enfatizar o perigo deste tipo de processo de "libertação" em que os contornos e estruturas tradicionais são substituídos por sabe-se lá o quê.

O australiano Harry Oldmeadow faz uma avaliação pertinente do tema no capítulo seguinte, do qual antecipamos aqui um pequeno extrato, quando escreve:

"Certamente não posso aceitar Jung como um sábio ou profeta: ele exemplifica algumas das confusões de nosso tempo em sua vida e seu trabalho. Não me sinto impressionado pelo tom profético que ele às vezes usa ao falar do próprio trabalho. (...) Jung estava preocupado com o lugar do homem num mundo no qual a ciência despojou o cosmo de significado, erodiu aparentemente os pilares da fé religiosa e roubou do homem sua dignidade espiritual."

O autor austríaco Wolfgang Smith tem uma palavra mais dura:

"No final das contas, o que Jung tem a oferecer é uma religião para ateístas e uma mística para aqueles que amam somente a si mesmos. Por um lado, ele exalta o que chama de atitude religiosa como um elemento na vida psíquica (...), mas, simultaneamente, afirma que o psicólogo de hoje não está mais lidando com questões de dogma e credo. Em outras palavras, não interessa se o conteúdo objetivo da crença é verdadeiro ou falso, o que conta é nossa atitude subjetiva e, presumivelmente, o senso de bem-estar que isso supõe engendrar. (...) O 'novo produto' não é como o antigo, é um método para diletantes espirituais, que colecionam símbolos e significados como outros colecionam pinturas." [7]

Frithjof Schuon

7. *Cosmos & Transcendence*, p. 130.

Jung contribuiu, ainda segundo Oldmeadow, para certo resgate da psicologia e do estudo das religiões das garras do materialismo e também sugeriu pontes entre a religião e a ciência, o Oriente e o Ocidente. Contudo, se a questão é apontar o que é válido em sua obra, há que se manter o senso das proporções e aplicar um discernimento que só pode vir dos tesouros dos ensinamentos metafísicos e espirituais das tradições religiosas integrais. Oldmeadow conclui sinalizando que o ponto crucial para o qual tal avaliação aponta é aquele que muitos intelectuais preferem ignorar, mas que foi explícita e corajosamente por Frithjof Schuon, quando escreveu, no seu esclarecedor "*Nenhuma atividade sem a verdade*", que, a despeito de poderem ser encontradas verdades parciais fora da religião íntegra e integral, não há, fora dela, "doutrina capaz de catalisar a verdade absoluta e transmitir noções libertadoras sobre a Realidade total."

O filósofo romeno Emil Cioran uma vez se referiu a ele mesmo e a seu amigo Mircea Eliade da seguinte maneira: "*Teríamos sido crentes, mas somos todos espíritos religiosos sem religião*". Creio que o mesmo pode ser dito de Jung.

Aí está sua força e sua fraqueza. Força, porque têm fundamento suas críticas à religiosidade superficial, desprovida de inteligência e convicção, vivida de forma convencional, sem energia para penetrar a fundo nas consciências e nos corações, engajando todo o ser do homem e transfigurando-o. E fraqueza porque, sem a espiritualidade integral que Jung rejeitou, profundamente entendida e vivida em suas dimensões mais elevadas, o homem perde sua vinculação concreta com o sagrado, vínculo que é dado pela participação nas práticas religiosas comunitárias (ritos) e individuais (meditação e oração), sem esquecer a conformidade a uma moralidade. Sem tal elo propiciado pela espiritualidade tradicional integral, o homem perde seu centro intelectual e, em consequência, seu equilíbrio espiritual e psíquico.

3

MIRCEA ELIADE E JUNG

Como Heinrich Zimmer e Joseph Campbell, Mircea Eliade (1907-1986) foi profundamente influenciado pela obra de C. G. Jung. Eliade foi convidado pela primeira vez para as conferências de Eranos em 1950 e retornou todo ano para suas palestras até 1962. Em seu D*iário*, Eliade relata o primeiro encontro com Jung, num jantar em um restaurante de Ascona (Suíça):

"... Ele é um cavalheiro já de idade, ainda cativante, sem nenhuma presunção, tão feliz em falar como em ouvir. O que eu poderia escrever aqui em primeiro lugar acerca desta longa conversa? Talvez sobre suas amargas críticas à ciência `oficial`. Nos círculos universitários, ele não é levado a sério. `Os acadêmicos não têm curiosidade`, ele diz, com Anatole France. `Os professores ficam felizes em recapitular o que aprenderam na juventude e o que não causa problema."

Em uma entrevista ao final da vida, Mircea Eliade relembra novamente seu primeiro encontro com Jung, falando desta vez em termos que lembram as primeiras impressões de Heinrich Zimmer:

"*Depois de meia hora de conversa, senti que estava na presença de um sábio chinês ou de um camponês da Europa oriental, ainda ligado à Mãe Terra e ao mesmo tempo próximo do Céu. Fiquei cativado pela maravilhosa simplicidade de sua presença...*"

Mircea Eliade na Índia, 1930.

Em 1952, Eliade fez uma longa entrevista com Jung para a revista parisiense *Combat*, numa época em que "Resposta a Jó", recentemente publicado, provocava grande controvérsia (a este respeito, lembremos o comentário crítico-jocoso de Scholem de que Jung estava "tentando psicanalisar *Deus*"). No mesmo ano, Jung leu o denso trabalho de Eliade sobre xamanismo e os dois tiveram uma longa e intensa conversação sobre o tema. Eles se encontraram diversas vezes ao longo dos anos seguintes, a última ocasião foi em Kasnacht, em 1959, onde mais uma vez mantiveram um colóquio longo, desta vez sobre a natureza da experiência mística.

As observações fragmentárias de Eliade sobre este encontro não deixam de ter seu interesse. Ele nos diz que Jung não tinha mais nenhum interesse em terapias e estudos de caso, nem na teologia contemporânea, mas que mantinha seu apetite pela teologia patrística. Ele também observa o desencantamento de Jung com o establishment científico:

"... aqui e ali me parecia que havia uma ponta de ressentimento. Falando a respeito das estruturas das experiências místicas, ele declarou que os médicos e os psicólogos são 'estúpidos demais e têm muito pouca cultura para entender tais fenômenos'".

Mircea Eliade e Carl Gustav Jung - Ascona, 1952.

As conexões de Eliade com o establishment junguiano eram institucionais e também pessoais. No começo dos anos 1950, recebeu uma bolsa da Fundação Bollingen, que permitiu que ele e a esposa "escapassem do pesadelo da pobreza". Vários dos principais livros de Eliade foram publicados nas séries Bollingen. Em 1953, Eliade proferiu cinco palestras no Instituto Jung de Zurique.

Há muitos temas que atraíram a atenção tanto de Jung como de Eliade: simbolismos mitológicos; disciplinas espirituais esotéricas, tais como: alquimia; a literatura mística do Oriente; os sonhos e as estruturas do inconsciente; as patologias da moderna civilização, para citar apenas alguns. Somos constantemente surpreendidos por paralelos. A obra de Jung sobre alquimia e a de Eliade sobre xamanismo propiciam uma visão unificada da realidade na qual a energia física e a psíquica se mostram como dois aspectos, ou duas dimensões, de uma única realidade (daí a possibilidade de poderes paranormais e coisas afins). Em sua abordagem desses temas, ambos mostraram uma receptividade positiva às mensagens espirituais dos documentos que estudaram. Há também óbvios paralelos em suas biografias: resistência acadêmica a suas descobertas; hostilidade de 'panelas' de certas disciplinas (os freudianos no caso de Jung e os antropólogos no de Eliade); a importância de Eranos como um fórum no qual ideias podiam ser ventiladas e hipóteses testadas em meio a mentes afins; as viagens para a Índia, África e América; a exploração intrépida do que Eliade chamava "universos espirituais estrangeiros". Confiram por exemplo esta passagem do *Diário* de Eliade, escrito em 1959:

" Esses mais de trinta anos que passei entre deuses e deusas exóticos, bárbaros e indomáveis, alimentado por mitos, obcecado por símbolos, nutrido e fascinado por tantas imagens que chegaram a mim desses mundos submersos, hoje me parecem estágios de uma longa iniciação. Cada uma dessas figuras divinas, cada um desses mitos ou símbolos, estão vinculados

a um perigo que foi confrontado e vencido. Quantas vezes cheguei a ficar quase perdido,extraviado nesse labirinto no qual arriscava-me a ser morto...Esses não eram apenas fragmentos de conhecimento adquiridos lenta e confortavelmente mediante a leitura de livros, mas encontros, confrontações e tentações. Hoje, compreendo perfeitamente bem todos os perigos que circundei durante essa longa busca, mas , antes de mais nada, compreendo o risco de esquecer que eu tinha uma meta... que eu queria alcançar um 'centro'".

Com apenas algumas palavras trocadas, isso poderia muito bem ter vindo de Jung. Como ele, Mircea Eliade parecia ter entendido sua própria função em termos algo proféticos. De seu *Diário*: " Sinto-me um precursor, estou consciente de estar de algum modo na vanguarda da humanidade de amanhã, ou mesmo de depois de amanhã".

Em sua autobiografia, Eliade escreve:

"*A reentrada da Ásia na história e a descoberta da espiritualidade das sociedades arcaicas não podem deixar de ter consequências... A camuflagem ou mesmo a ocultação do sagrado e dos significados espirituais em geral caracteriza todas as épocas crepusculares. É uma questão da sobrevivência larval do sentido original, que desta maneira se torna irreconhecível. Daí a importância que concedo às imagens, aos símbolos e narrativas, ou mais precisamente à análise hermenêutica que descreve seus significados e identifica suas funções originais.*"

Há aqui muitos paralelos com a obra de Jung. No momento, contudo, podemos observar uma interessante divergência em seu trabalho. A despeito de toda a sua simpatia acerca das mitologias primordiais e a espiritualidade oriental, e a despeito da importância de suas excursões em outras culturas, Jung permaneceu resolutamente europeu em sua orientação: seu enraizamento intelectual, por assim dizer, sempre esteve do lado do Ocidente.

Isso é bem ilustrado por sua extraordinária relutância em visitar o sábio de Arunachala, Ramana Maharshi, como se ele, possivelmente, se sentisse ameaçado pela força espiritual a qual tal visita o exporia. Não se pode senão ficar com a impressão que Jung não confrontou ou não assimilou plenamente esta experiência e que ele voltou as costas para a Índia num reflexo de autodefesa. Não encontramos tais inibições na imersão de Eliade na espiritualidade indiana: seu trabalho ratifica sua reivindicação de que seus três anos na Índia foram " os anos essenciais de minha vida. A Índia foi minha educação". Contudo, é interessante observar que o entusiasmo tanto de Jung como de Eliade pelos temas orientais se esvaeceram em seus derradeiros trabalhos, com Jung voltando-se para aspectos do esoterismo ocidental e Eliade para as culturas primitivas sem escrita.

As intuições de Jung sobre as mitologias arcaicas e suas cosmologias tiveram, sem dúvida, importância decisiva no desenvolvimento intelectual de Eliade, particularmente sua ênfase em um "paralelismo universal" de simbolismos e motivos análogos nas mitologias de todo o mundo. Eliade sempre reconheceu seu débito para com Jung a esse respeito. Em ocasiões, Jung concede que os mitos têm status metafísico:

"*Nenhuma ciência jamais substituirá o mito, e não se pode construir um mito a partir da ciência. Pois não é que 'Deus' é um mito, mas sim que o mito é a revelação da vida divina no homem. Não somos nós que inventamos o mito; antes, ele fala a nós como uma Palavra de Deus*". (*Memories, Dreams, Reflections*, p. 373.)

Mas, encontramos em Jung a tentativa mais ou menos constante de empurrar a metafísica e a cosmologia arcaica de volta para o campo psíquico, ao passo que Eliade estava preparado para ir além disso. Isso pode ser visto nos diferentes sentidos nos quais Jung e Eliade usaram o termo "arquétipo". Para Jung, os arquétipos são "estruturas do inconsciente coletivo", ao passo que Eliade usa o termo em seu sentido neo-platônico de paradigma exemplar e trans-histórico. Jung também tendia a igualar sonhos e mitos. Nesse contexto, a diferenciação que Eliade fazia é sugestiva:

"*As semelhanças entre sonhos e mitos são óbvias, mas a diferença entre eles é essencial: há aqui o mesmo fosso que entre um ato de adultério e Madame Bovary, isto é, entre uma simples experiência e uma criação do espírito humano.*"

Do mesmo modo, o interesse de Jung pelas determinações qualitativas do tempo, mais especialmente em suas ideias sobre a sincronicidade e a psicossíntese, permanece dentro da arena psíquica, ao passo que, para Eliade, o tempo sagrado é em si mesmo uma categoria irredutível e completamente indispensável para uma compreensão dos modos arcaicos e mitológicos. Jung mostrou muito menos interesse na questão do espaço sagrado, o qual foi central na obra de Eliade.

Trazer outros universos espirituais para o âmbito do Ocidente foi uma tarefa importante, mas subsidiária na obra de Jung; para Eliade, foi fundamental. A seguinte passagem de "*Mitos, Sonhos e Mistérios*" poderia bem servir como uma epígrafe para a obra de meio século de Eliade:

"Os povos 'exóticos' e 'primitivos' entram agora na órbita da história, de forma que o homem ocidental é obrigado a questionar em seus sistemas de valor se é capaz de estabelecer e manter comunicação com eles... Temos de abordar os símbolos, mitos e ritos dos povos da Oceania ou da África .... com o mesmo respeito e o mesmo desejo de aprender os quais devotamos às criações culturais ocidentais, mesmo quando tais ritos e mitos revelam aspectos 'estranhos', terríveis ou aberrantes."

Para Eliade, isso não era simplesmente um projeto acadêmico grandioso, mas algo impulsionado por imperativos pessoais – um motivo comum na vida e na obra de todos os mitógrafos comparativos. Considerem isso, por exemplo, tirado do *Diário* de Eliade:

"... Não é algum tipo de paixão pelo passado que me faz querer retornar ao mundo dos aborígenes australianos ou dos esquimós. Eu quero reconhecer a mim mesmo – no sentido filosófico – em meus próximos."

Nossos encontros com outros mundos espirituais são urgentemente necessários para nossa própria saúde espiritual. Não devemos mais encará-los como "episódios imaturos ou aberrações de alguma história exemplar dos homens – uma história concebida, certamente, somente como a história do homem ocidental.' (Eliade: *Australian Religions*, p. xix.)

Para Freud, a psicanálise era uma disciplina rigorosamente científica que deveria permanecer incontaminada por todos aqueles modos de compreensão que ele reuniu sob o pejorativo rótulo de "ocultismo". As opiniões de Freud sobre a religião são bem conhecidas, não é necessário reapresentá-las aqui; como Jung notou em suas *Memórias*, Freud via qualquer expressão da espiritualidade como função da sexualidade reprimida. Aqui, é suficiente colocar que Freud se rendeu a uma visão gravemente reducionista, bem característica da alienação intelectual do século XIX em face da tradição religiosa.[8] Eliade escreveu também sobre o principal trabalho de Freud sobre a religião, *Totem e Tabu*, em termos apropriadamente contundentes:

"Certamente que o gênio de Freud e os possíveis méritos da psicanálise não devem ser julgados pelas histórias de horror apresentadas como fato histórico objetivo em '*Totem e Tabu*'. Mas é altamente significativo que tais hipóteses frenéticas possam ser recebidas como uma teoria científica aceitável, apesar de todas as críticas reunidas pelos principais antropólogos do século ... Depois de 1920, a ideologia freudiana foi absorvida como algo certo

8. Para uma breve avaliação das opiniões de Freud sobre a religião, ver D. W. D. Shaw, *The Dissuaders*. Em seu *Diário*, Eliade rejeita as extraordinárias elucubrações de Freud sobre esse tema desta maneira: "suas explicações de experiências religiosas e outras atividades espirituais são pura e simplesmente absurdas" (*Journal* 1, 23 de abril de 1953).

em sua totalidade. Um livro fascinante poderia ser escrito sobre este *roman noir frénétique*, '*Totem e Tabu*'. Utilizando os mesmo métodos e ferramentas da moderna psicanálise, poderíamos expor alguns dos trágicos segredos do moderno intelectual ocidental: por exemplo, sua profunda insatisfação com formas gastas do Cristianismo histórico e seu desejo de se livrar, violentamente, da fé de seus antepassados, acompanhado por um estranho senso de culpa, como se ele mesmo tivesse matado um Deus no qual não poderia mais acreditar, mas cuja ausência ele não pode suportar." [9]

Para Jung, o problema da religião é muito mais complexo. Ele rejeitou o dogmatismo estreito e o moralismo sufocante que caracterizava a fé de seu pai, mas afirmava a riqueza, força e os elementos psicologicamente libertadores do Cristianismo e das tradições esotéricas ocidentais como a gnose, o hermetismo e a alquimia. "Todas as religiões, até as formas de religião mágica dos primitivos, são psicoterapias, que tratam e curam os sofrimentos da alma, e os do corpo que derivam da alma ." (De um escrito de 1935 sobre psicoterapia, citado em G. Wegr: *Jung a biography*, p. 293)

Por outro lado, Jung rejeitou o materialismo implacável de uma ciência profana, mas reteve ao

9. "*Cultural fashions and the history of religions*", p. 25.

mesmo tempo sua fé num modo empírico de pesquisa. O apelo da psiquiatria, ele nos diz, é precisamente que ela constitui um ponto de encontro para o biológico e o espiritual:

> "Aqui está o campo empírico comum aos fatos biológicos e espirituais, o qual busquei em toda parte e nunca encontrei. Aqui afinal estava o lugar onde o encontro da natureza e do espírito se tornou uma realidade." (*Memories...* , p. 130)

E isso certamente antecipa o grande tema junguiano da *coincidentia oppositorum.*

Na obra de Eliade, os opostos apresentados não são o 'biológico' e o 'espiritual', mas sim um conjunto de dicotomias que estruturam toda a sua agenda: o sacro e o profano, o arcaico e o moderno, o mitológico e o histórico, o poético e o científico. Toda a obra de Eliade pode ser vista como um projeto para recuperar o primeiro modo de cada um desses pares.

Para Eliade, o problema do materialismo científico se dava em larga medida pelos modelos reducionistas dos antropólogos. A tarefa de Eliade foi revalorizar as manifestações do sagrado, restaurar nelas seu sentido experimental e ontológico, e resistir às interpretações "audaciosas e irrelevantes" dos reducionistas de todo tipo, sejam eles marxistas, freudianos, durkheimianos etc.

“Tal atitude desmistificadora deveria ser por sua vez impugnada, acusada de etnocentrismo, ‘provincianismo’ ocidental e assim por diante, sendo ela mesma, em última instância, desmistificada.” [10]

Eliade também desafiou seus próprios colegas:

“... a maioria dos historiadores da religião se defendem contra as mensagens que ocupam seus próprios livros. Esta cautela é compreensível. Não se vive impunemente na intimidade de formas religiosas ‘estrangeiras’... Mas muitos historiadores de religião acabam não levando a sério os mundos espirituais que estudam; eles retornam à sua própria fé pessoal, ou então se refugiam num materialismo ou behaviorismo impermeável a todo choque espiritual.”[11]

Uma das contribuições mais importantes de Eliade à disciplina dos estudos religiosos foi sua insistência em categorias explicativas que são *sui generis*, peculiares aos fenômenos religiosos, que são autônomos por assim dizer. Aqui Eliade está muito próximo do grande teólogo alemão Rudolf Otto:

“...um fenômeno religioso só será reconhecido como tal se for apreendido em seu próprio nível,

---

10. *Ordeal by labyrinth*, p. 137.
11. *The Quest*, p. 62.

isto é, se for estudado como algo religioso. Tentar apreender a essência de tal fenômeno por meio da fisiologia, da psicologia , sociologia, economia, linguística, arte ou qualquer outra disciplina será falso; perde, dessa maneira, o elemento único e irredutível nela – o elemento do sagrado. Não há fenômenos puramente religiosos, mas seria inútil tentar explicar a religião em termos de qualquer uma dessas funções básicas... Seria tão fútil como pensar que podemos explicar 'Madame Bovary' por uma lista de fatos sociais, econômicos e políticos; por mais verdadeiros que sejam, não a encaram como uma obra da literatura."

Não se pode deixar de reparar, nos escritos autobiográficos tanto de Jung como de Eliade, uma certa reticência acerca de suas próprias crenças e filiações religiosas. Eliade observou numa entrevista no fim da vida, "tomei a decisão, há muito tempo, de manter um discreto silêncio acerca do que eu pessoalmente creio ou descreio".

Uma possibilidade óbvia é que ambos sentiam que, uma manifestação demasiadamente franca de tais crenças, podia comprometer seu status acadêmico num meio que privilegia a ideia da objetividade científica e, isso em tal medida que se poderia falar, de fato, em uma sorte de pseudoculto. Pressões e expectativas profissionais "algumas vezes diluíram as observações mais fortes de Jung em respeito a uma audiência mais convencional" (P. Novak: *Jung in the light of Asian psychology*, p. 66)

Como o próprio Jung notou, "Nos dias de hoje, a voz daquele que clama no deserto deve necessariamente ter um tom científico se quiser alcançar os ouvidos da multidão". Outra possibilidade é que ambos lutaram com os problemas da fé religiosa sem jamais terem conseguido resolver as muitas e difíceis questões latentes na famosa frase de Nietzsche acerca da "morte de Deus". Emil Cioran uma vez se referiu a ele mesmo e seu amigo Eliade como "teríamos sido crentes, mas somos todos espíritos religiosos sem uma religião". Em questões religiosas, Mircea Eliade geralmente se entrincheirava em uma sorte de credo pós-nietzscheano. Em 1965, por exemplo, ele escreveu:

"Num mundo composto de bilhões de galáxias... todos os argumentos clássicos pró ou contra a existência de Deus me parecem ingênuos e mesmo infantis. Não penso que, no momento, tenhamos o direito de argumentar filosoficamente. O problema deveria ser deixado em suspenso como está. Devemos nos contentar com certezas pessoais, com apostas baseadas em sonhos, com adivinhações, êxtases, emoções estéticas. Esses são também modos de conhecimento, mas sem argumentos..."

Eliade somente revela algo de suas crenças religiosas pessoais de maneira informal em seus escritos autobiográficos, quase somente quando ele é pego desprevenido. Como Jung, ele em geral se dispunha a dizer coisas mais diretas numa conversa, do que em contextos mais profissionais. Em uma entrevista a Claude-Henri Rocquet, Eliade colocou a questão de forma inequívoca:

"Se Deus não existe, então tudo é pó e cinza. Se não há um absoluto para dar sentido e valor a nossa existência, então isso significa que a existência não tem sentido. Sei que há filósofos que pensam exatamente dessa maneira, mas para mim, isso seria não apenas manifestação de puro desespero, mas também, uma sorte de traição. Por que não é verdade, e sei que não é verdade." [12]

Contudo, a aparente falta de comprometimento pessoal com uma tradição religiosa por parte de Eliade e sua incapacidade de entender as plenas implicações das muitas escrituras e textos sagrados que ele explicou em seus livros têm sido incisivamente criticadas pelos autores perenialistas. Alain Danielou, mesmo respeitando profundamente a erudição de Eliade, contrastou-o com outro grande erudito, Henry Corbin, que foi também um sufi: "Este não foi o caso do famoso profeta da história das religiões, Mircea

12. *Ordeal by labyrinth*, 67

Eliade, cuja soberba obra nunca deixou de me surpreender por estar baseada num conhecimento meramente exterior, e não em experiências vividas".[13]

Da mesma maneira, David Lake escreve:

"Temos a impressão de um acadêmico desenraizado e genial, saltando de um artigo para outro, sem centro interior e sem a discriminação intelectual para dominar sua prodigiosa fertilidade mental".

Rama Coomaraswamy é ainda mais duro:

"O homem é um diletante, um mero acadêmico e uma pessoa completamente profana em sua perspectiva. Quando digo que ele é um diletante, refiro-me ao domínio espiritual".

Ambos criticam Eliade por seu psicologismo, mas não levam em conta as críticas que o próprio Eliade fez ao relativismo psicologista. Em *No Souvenirs*, por exemplo, Eliade escreveu: "A psicanálise justifica sua importância dizendo que ela nos força a olhar para a realidade e a aceitá-la. Mas que tipo de realidade? Uma realidade condicionada pela ideologia materialista e cienticista da própria psicanálise, isto é, um produto histórico..." [14]

13. *The way to the labyrinth*, 248.
14. *No Souvenirs*, 269.

Nesse contexto, vale a pena lembrar, das observações algo favoráveis de René Guénon sobre Eliade. Em uma carta de setembro de 1949, Guénon escreveu acerca do romeno:

"Fiz resenhas de diversos de seus livros... Você percebeu que eu o trato com cuidado e que procuro acima de tudo me referir ao que é positivo... ele está basicamente bem próximo de concordar com as ideias tradicionais, mas não ousa manifestá-las em seus escritos por temer entrar em choque com as opiniões oficialmente admitidas; isso gera uma mistura infeliz. Esperamos, contudo, que algum encorajamento o ajude a torná-lo um pouco menos tímido." (citado em E. Wasserstrom, *Religion after religion,* 46)

Encarado do ponto de vista tradicional, Jung e seus companheiros mitógrafos podem ser censurados por seu "humanismo" com adornos quase religiosos; dessa perspectiva, eles estão implicados na destruição da religião iniciada pelas ciências materialistas e humanistas da Renascença e mais ou menos completada pelo evolucionismo darwiniano e pela psicanálise freudiana. Como Ananda Coomaraswamy habilmente colocou: "Enquanto o materialismo do século XIX fechou a mente do homem para o que está acima dele, a psicologia do século XX abriu-a para o que está abaixo dele".

Certamente que não posso aceitar Jung ou Eliade como sábios ou profetas: ambos exemplificam algumas das confusões de nosso tempo em sua vida e em seu trabalho. E não me sinto impressionado pelo tom algo "profético" que eles às vezes usam ao falar do próprio trabalho. Nossa época não foi abençoada nem por sábios, nem por profetas, e talvez não surpreenda que os dois às vezes tenham sido tomados erroneamente como tais. O fato de que eles não estejam à altura das declarações de seus acólitos mais excitados não é razão para desprezar ou ignorar suas obras, que têm uma riqueza e uma profundidade não facilmente encontrável entre os autodenominados eruditos de nosso tempo. Tanto Jung como Eliade estavam profundamente preocupados com o lugar do homem num mundo no qual a ciência despojou o cosmo de significado, erodiu aparentemente os pilares da fé religiosa e roubou do homem sua dignidade espiritual.

Sejam quais forem nossas opiniões sobre algumas das questões que esbocei aqui, devemos ser gratos a Jung e a Eliade por terem resgatado suas respectivas disciplinas das garras dos materialistas e seus cúmplices, e por suas tentativas de oferecer pontes para o fosso aparente que separa a religião tradicional da ciência moderna e o Oriente do Ocidente. Ambos têm muito a nos dizer. Contudo, se temos de escolher o que é válido em suas obras, temos de manter o senso das proporções e aplicar um discernimento que, em minha opinião, só pode vir dos tesouros dos ensinamentos metafísicos e espirituais das tradições religiosas integrais.

Quanto a Jung, não posso melhorar o julgamento cuidadoso de Philip Novak:

"Não pode haver dúvida acerca do valor duradouro de Jung. Para a moderna psicoterapia e a busca religiosa, ele preparou um campo a partir do qual muitas intuições vivificadoras e revigoradoras da alma brotaram. Mas Jung anelava por absolutez e pela Verdade – ele desejava muito trazer uma mensagem salvadora ao homem – e o conflito entre este anelo com sua vocação reconhecida, a de um cientista e médico empírico, criou uma batalha de forças que perdurou por toda a vida em seu coração. Tais tensões derramaram para a página impressa, especialmente quando Jung teve de confrontar os sistemas asiáticos que prefiguram a completude do homem psicológico que ele buscava, mas com doutrinas e métodos que ele não poderia aceitar."[15]

O ponto mais crucial para o qual a avaliação de Novak aponta é aquele que muitas pessoas estão determinadas a ignorar. Ele foi colocado com precisão por Frithjof Schuon:

---

15. Novak: "*Jung in the light of Asian psychology*", 84.

"Fora da tradição podem certamente ser encontradas algumas verdades relativas ou visões de realidades parciais, mas fora da tradição não existe uma doutrina capaz de catalisar a verdade absoluta e transmitir noções libertadoras sobre a Realidade total." [16]

16. Em: "*Nenhuma atividade sem a verdade*". Texto disponível em português em: http://www.sapientia.com.br)

BIBLIOGRAFIA SELECIONADA

DAVID BAKAN: *Sigmund Freud and the Jewish Mystical Tradition* (EUA, 1991)

TITUS BURCKHARDT:
The Essential Titus Burckhardt (EUA, 2004)
Cosmologia y Ciencia Moderna (Palma de Mallorca, 2009)

ANANDA COOMARASWAMY:
Quién es satán y donde está el Infierno? (Palma de Mallorca, 2009)

MIRCEA ELIADE:
O Mito do Eterno Retorno (São Paulo, 1992)
Mito e Realidade (São Paulo, 2002)
O Sagrado e o Profano (São Paulo, 2008)
Ocultismo, Bruxaria e Correntes Culturais (Belo Horizonte, 1979)
O Xamanismo e as Técnicas Arcaicas do Êxtase (São Paulo, 1998)

SIGMUND FREUD:
Moisés e a Tradição Monoteísta (Lisboa, 1990)
O Futuro de uma Ilusão (Rio de Janeiro, 1997)
Totem e Tabu (Rio de Janeiro, 1999)
"*El Moises de Miguel Angel*"

RENÉ GUÉNON:
A Crise do Mundo Moderno (Lisboa, 1997)
O Reino da Quantidade e os Sinais dos Tempos (Lisboa, 1989);
Os Símbolos da Ciência Sagrada (São Paulo, 1993)

C. G. JUNG:
O Símbolo da Transformação na Missa (Petrópolis, 1991)
O Homem e seus Símbolos (São Paulo, 2008)
Psicologia e Religião Oriental (Petrópolis, 2001)
O Segredo da Flor de Ouro (Petrópolis, 2001)
Psicologia e Alquimia (Petrópolis, 1994)

MARTIN LINGS:
Sabedoria Tradicional & Superstições Modernas (São Paulo, 1998)

A Arte Sagrada de Shakespeare (São Paulo, 2004)
La Undécima Hora (Palma de Mallorca, 2009)

RICHARD NOLL:
O Culto de Jung: origens de um movimento carismático (São Paulo, 1996)
The *Aryan Christ: The Secret Life of Carl Jung* (EUA, 1997)

HARRY OLDMEADOW:
Journeys East (EUA, 2004)
A Christian Pilgrim in India (EUA, 2007)

WHITALL PERRY:
Challenges to the secular society (EUA, 1996)

LEO SCHAYA:
El Significado Universal de la Cabala (Buenos Aires, 1986)

GERSHOM SCHOLEM:
A Cabala e a Mística Judaica (Lisboa, 1990)
O Nome de Deus e outros estudos (São Paulo, 1999)

FRITHJOF SCHUON:
Forma e Substância nas Religiões
(S. José dos Campos, 2010)
A Transfiguração do Homem
(São José dos Campos, 2009)
O Homem no Universo (São Paulo, 2001)
O Sentido das Raças (São Paulo, 2002)

WOLFGANG SMITH:
Cosmos and Transcendence (EUA, 1984)
Christian Gnosis (EUA, 2009)

MATEUS SOARES DE AZEVEDO:
Homens de um Livro Só (Rio de Janeiro, 2008)
A Inteligência da Fé (Rio de Janeiro, 2006)
Christianity and the Perennial Philosophy
(EUA, 2005)
Mística Islâmica (Petrópolis, 2000)

WILLIAM STODDART:
What do the Religions say of each other?
(EUA, 2009)
Remembering in a World of Forgetting (EUA, 2008)

La Sabiduria Invencible (Palma de Mallorca, 2008)
O Budismo ao seu alcance (Rio de Janeiro, 2004)
O Hinduísmo (São Paulo, 2005)

BAAL SHEM TOV:

O Mestre do Bom Nome (São Paulo, 1976)

Sobre os autores

Harry Oldmeadow

Nasceu em Melbourne, Austrália, em 1947. Seus pais foram missionários cristãos na Índia, onde ele viveu nove anos e onde viu despertado seu interesse pelas civilizações orientais. Estudou história e literatura na Universidade Nacional da Austrália, com pós-graduação em estudos religiosos pela Universidade de Sydney. Sua dissertação, sobre a obra de Schuon e a mensagem da filosofia perene, foi publicada em 2000, sob o título de *Traditionalism: Religion in the Light of the Perennial Philosophy*. Posteriormente, ganhou bolsa de estudos que o levou para a universidade de Oxford, na Inglaterra. Atualmente, é diretor do departamento de filosofia e religião da universidade La Trobe, em Bendigo, no sudeste da Austrália.

Harry Oldmeadow é autor de dois estudos premiados e influentes sobre o encontro de ocidentais com as religiões orientais no século XX. O primeiro é "*Journeys East*" (publicado nos EUA em 2004) e o segundo, abordando a fascinante vida do monge beneditino francês Henri le Saux, que se tornou o swami Abhishiktananda na Índia, intitulado "*A Christian Pilgrim in India*" (EUA, 2008). Oldmeadow vive com a mulher e filho em uma chácara perto de Bendigo.

Mateus Soares de Azevedo

Nasceu em Belo Horizonte, Minas Gerais, em 1959. É formado em *Comunicação* pela Pontifícia Universidade Católica de São Paulo, pós-graduado em *Relações Internacionais* pela Universidade George Washington (EUA) e mestre em *História das Religiões* pela Universidade de São Paulo. Viveu em Londres na juventude, quando teve despertado seu interesse pela filosofia perene e as espiritualidades orientais. Mais tarde, estudou também nos Estados Unidos, onde foi aluno de S. H. Nasr. De volta ao Brasil, transformou em livros suas experiências e o conhecimento adquirido em sua vivência no exterior. Empreendeu ainda viagens à Europa, para contatar autoridades espirituais, recolher material para seus livros e entrevistar autores perenialistas, como Frithjof Schuon, Martin Lings, William Stoddart e Rama Coomaraswamy. No velho continente, aprofundou-se no conhecimento dos três principais ramos do Cristianismo, visitando países católicos, como Portugal, Espanha, França e Itália; protestantes, como Inglaterra, Holanda, Suíça e Alemanha; e ortodoxos, como a Rússia. Esteve também em países muçulmanos, como Turquia, Marrocos e Tunísia, em busca de contato direto com a realidade islâmica. É colaborador de jornais brasileiros e publicações especializadas no exterior, como *Sophia* (EUA), *Sacred Web* (Canadá) e *Sophia Perennis* (Espanha). Entre seus livros, incluem-se "*Homens de um livro só: o fundamentalismo no Islã, no Cristianismo e no pensamento moderno*" (Best Seller, 2008); "*A Inteligência da Fé: Cristianismo, Islã e Judaísmo*" (Record, 2006); e "*Christianity and the Perennial Philosophy*" (EUA, 2005). Vive em São Paulo com sua família.

Outros livros dos autores

Harry Oldmeadow

* *Frithjof Schuon and the Perennial Philosophy* (EUA, 2010)

* *A Christian Pilgrim in India* (EUA, 2008)

* *Light from the East* (EUA, 2007)

* *Journeys East: 20th century Western encounters with Eastern religious traditions* (EUA, 2004)

Mateus Soares de Azevedo

* *Homens de um Livro só: o Fundamentalismo no Islã, no Cristianismo e no pensamento moderno* (Best Seller, 2008)

* *A Inteligência da Fé: Cristianismo, Islã, Judaísmo* (Nova Era, 2006)

* *Christianity and the Perennial Philosophy* (EUA, 2005)

* *Iniciação ao Islã e Sufismo* (Record, 2001)

* *Mística Islâmica* (Vozes, 2000)

Contribuições a:

* *Para Compreender o Islã,* de Frithjof Schuon (Record, 2005)

* *O Budismo ao seu alcance*, de William Stoddart (Nova Era, 2004)

* *O estudo das religiões: desafios contemporâneos*, de Silas Guerriero (Paulinas, 2003)